Ein Jahr mit Maus und Eichhorn

Geschichten aus Frühling, Sommer, Herbst und Winter

Geschrieben und illustriert
von Kristina Andres

arsEdition

Für Vincent

Die Geschichten

Im Frühling

Die Maus zieht ein

Der Frühling ist gekommen.
In allen Höhlen und Unterschlüpfen regt es sich. Die Tiere des Waldes, die den Winter tief verborgen in ihren Verstecken verschlafen haben, erwachen. Kein Wind weht, der Fluss murmelt geruhsam vor sich hin.

Etwas klappert durch den stillen Frühlingswald. Um die Biegung schwankt ein hochbepackter Karren. Davor pustet und schnauft jemand. Es ist mühsam, ein solches Gefährt über Moosballen und durch Blaubeersträucher hindurchzuruckeln, wenn man eine Maus ist.

Eine Höhle. Nicht zu groß, nicht zu klein. Eine eigene Höhle, die bald nach Nüssen und Beeren duften wird – nichts wünscht sich die Maus mehr. Danach sucht sie, und es wird Zeit, dass sie sie findet. Denn sie ist seit Tagen unterwegs und ihre Wegzehrung fast aufgebraucht. Ihre Pfoten sind müde.

»Nur kurz ausruhen!«, erlaubt sie sich und setzt sich an einen alten, bemoosten Baum, lehnt sich ans Moos, das in langen Bärten daran wächst.

»Nur kurz die Augen schließen!«, nimmt sie sich vor und sinkt langsam, aber sicher in den Moosbart. Dann liegt sie auf ihrem Rücken.
»Nanu? Der einzige Grund, warum ich auf dem Rücken lande, wenn ich mich anlehnen will, muss sein, dass da nichts zum Anlehnen ist!«

Sie springt auf die Füße und geht ein paar Schritte zurück.
»Aha! Ein Loch im Baum!«, stellt sie fest.
Wer eine Maus ist und auf ein solches Loch trifft, muss nachsehen, ob sich etwas dahinter verbirgt. Am besten wäre es, wenn da NICHTS wäre, denn NICHTS hinter einem Loch in einem alten Baum kann nur eines bedeuten: eine Höhle.

Die Maus wirft alle Sachen aus dem Karren. Ganz unten liegt ihr Leuchter, und den braucht sie jetzt. Dann betrachtet sie, den Leuchter in den Pfoten, das Loch. Dahinter ist

NICHTS!

Die Maus geht ein paar Schritte hinein und leuchtet umher.
Ihr Herz pocht. Nicht zu groß. Nicht zu klein.
Eine Höhle!
Sie gehört niemandem, denn sie ist leer.
Hinter dem Moos war sie einfach zu gut verborgen.
Ihre Höhle.
Und da, genau in der richtigen Höhe für ein Fenster, fällt Licht durch den Moosvorhang. Die Maus schiebt ihn beiseite, und nun wird es angenehm hell.
»Du bist die beste Höhle der Welt«, sagt sie zu ihrem neuen Zuhause.

Die müden Pfoten sind vergessen, die Maus saust nach draußen und wühlt sich so lange durch den Haufen ihrer Dinge, bis sie ihren Besen gefunden hat.

Sie kehrt die Höhle gründlich aus. Viel Staub steigt auf.

Etwas höher im Baum steht ein Fenster offen.
Eigentlich wollte das Eichhorn frische Luft hereinlassen,
nun kommt es von draußen dick und grau herein und
es muss davon husten.
Und warum ist es nur so laut unter ihm?
Füße trappeln und es schabt, als würde jemand sägen.
Das ist das Schlimmste, was einem passieren kann, wenn man
in einem Baum wohnt: dass einer kommt und ihn umsägt.
Vorsichtig lugt das Eichhorn hinaus.
»Oh!«, sagt es, mehr nicht. Es spricht nie sehr viel.
Vor dem Baum liegen Habseligkeiten im Gras verteilt.

Das Eichhorn sieht die Maus mit dem Besen herauskommen und ist erleichtert. Keine Säge. Und gefährlich scheint diese Maus auch nicht zu sein. Aber sie macht Unruhe. Nun dreht sie da unten alles um, weil sie etwas sucht. Schon läuft sie los, mit Handfeger und Kehrschaufel. Nicht lange, und sie erscheint wieder und bringt den Kehricht heraus.

Dann wühlt sie von vorn alles durch. Was mag es jetzt nur sein, was sie sucht?, fragt sich das Eichhorn. Man wird ja ganz verrückt, wenn man ihr zusieht.

Nun sinkt die Maus ermattet ins Gras. Sie hat nicht gefunden, wonach sie suchte. Sie hatte gedacht, es wäre noch eine halbe Nuss übrig gewesen, aber da war nichts mehr.

Wenn sie jetzt endlich einmal stillhält, kann ich hingehen und sie genauer betrachten, überlegt das Eichhorn.
Damit die Maus nicht glaubt, das Eichhorn wäre gefährlich, nimmt es Nusskuchen mit. Vielleicht weiß die Maus ja nichts von Eichhörnern.

Aber die Maus denkt nicht einen Augenblick darüber nach, ob das Eichhorn sie ein bisschen aufessen möchte. Sie sieht den Kuchen und greift zu.
»Dann hole ich mal Tee«, sagt das Eichhorn.
Als die Maus den halben Kuchen vertilgt und das Eichhorn dreimal Tee für sie eingegossen hat, kann sie endlich sprechen.
»Ich wohne jetzt hier. Das ist meine Höhle«, erklärt sie. »Die beste Höhle der Welt!«
»So eine habe ich auch. Sie ist da oben, hinter der blauen Tür«, sagt das Eichhorn und zeigt hin.
»Dann kann ich dich besuchen und du mich! Ich werde an deine Tür klopfen und du wirst denken: Ach, das ist die Maus, ich werde sie hereinlassen. Und du kannst an meine Tür klopfen und ich werde denken: Ach, das Eichhorn kommt mich besuchen, ich will ihm schnell die Tür öffnen!«, spricht die Maus mit vollen Backen.
Und dann fällt ihr ein, dass sie gar keine Tür hat, an die das Eichhorn klopfen könnte. Sie hat ja nur ein Loch. An Löcher kann man nicht klopfen.
»Weißt du, wo ich mir eine Tür wünschen kann?«, fragt sie das Eichhorn.
»Ja«, sagt das Eichhorn.
Es stellt sich vor, wie es bei der Maus an die Tür klopft und sie ihm öffnet. Das ist ein schöner Gedanke.

Dann geht es und baut für sie eine blaue Tür und ein Fenster gleich mit dazu. Die Maus bringt ihre Habseligkeiten in die Höhle.

Tagelang schiebt sie die Sachen darin hin und her. Wo steht der Tisch am besten? Wo möchte sie schlafen? Und ihr kleiner Kochherd muss auch seinen Platz finden.

Schließlich ist alles geschafft und die Maus kann ihren ersten Kuchen backen. Sie öffnet das schöne neue Fenster, damit der Kuchenduft nach oben steigt und dem Eichhorn Bescheid gibt.
Kurz darauf klopft es an die schöne neue Tür.
Oh!, denkt die Maus. Das wird das Eichhorn sein! Ich will ihm schnell öffnen!

Und genau das tut sie: Sie öffnet dem Eichhorn die Tür und sagt: »Ach, du bist es! Komm nur herein!«
Als sie sich den Kuchen teilen, klopft es wieder und es ist der alte Enterich. Der alte Enterich weiß alles und kennt den Wald wie seine Westentasche. Er isst auch gerne Kuchen. Die Maus ist neu hier, da will er ihr ein bisschen erzählen, und sie hört ihm mit großen Augen zu.

Die Tage werden länger und wärmer. Die Maus läuft durch den Wald, hierhin, dorthin. Das Eichhorn begleitet sie, zeigt ihr, wo noch eine vergrabene Nuss zu finden ist, die besten Blaubeersträucher stehen und die Walderdbeeren gedeihen.

Nachts liegt die Maus in ihrem weichen, warmen Bett. Das Fenster steht offen, die Bäume rauschen. Einmal scheint der Mond herein, ganz so, als wolle er sich hier drinnen ein wenig umsehen.
»Guck mal, Mond! Wie gut ich es habe!«, murmelt die Maus.
Dann schläft sie ein.

Im Sommer
Die große Reise ans Meer

Es ist eine helle Nacht.
Ein großer Mond hängt am Himmel.
Die Maus steht vor ihrer Höhle und
schnuppert in die Ferne.
Sehen kann sie es nicht. Aber sie weiß,
es ist das Meer, das sie riecht.
Manchmal, in Nächten wie dieser,
wenn kein Wind über den Wald geht,
meint sie sogar, seinen Wellenschlag zu hören.
Wer eine Maus ist, hört weit.

Sie war noch nie am Meer. Es sei eine weite Reise, eine große, gefährliche Reise für jemanden, der so klein ist wie sie. Sie führe einmal durch den Wald und den Fluss entlang, hat der alte Enterich zu ihr gesagt.

Und auch, dass das Meer kein Ort für eine Maus sei. Niemand aus dem Wald geht ans Meer. Aber die Maus kann nicht aufhören, daran zu denken.

»Was machst du?«, fragt das Eichhorn.
»Ich packe. Ich reise ans Meer«, erklärt die Maus. »Morgen breche ich auf. Durch den Wald und den Fluss entlang!«
Und emsig belädt sie ihren Karren. Mit Nüssen und Kernen, ihrem großen Schirm und ihrer warmen Decke.
»Oh«, sagt das Eichhorn. Mehr nicht.

Wäre ich mutig, dann würde ich die Maus begleiten, denkt das Eichhorn, als es oben in seiner Höhle ins Bett kriecht. Die ganze Nacht liegt es wach. Flussabwärts?, fragt es sich. Wie kommt sie dann den Fluss wieder hinauf und zurück?
Danach hat die Maus den alten Enterich wohl nicht gefragt. Den Fluss kann man nämlich nicht hinauffahren, die Strömung ist zu stark.

Am frühen Morgen klopft das
Eichhorn bei der Maus an die Tür.
»Wann kommst du zurück, Maus?
Und wie?«
Doch niemand antwortet.

Die Maus ist lange fort und hat bereits eine anständige Wegstrecke hinter sich gebracht. Gerade rumpelt sie ihren Karren um den nächsten Baum. Dahinter trifft sie auf eine Schlange.
»Na, Maus? Wohin so allein?«, will diese wissen.
»Ans Meer«, sagt die Maus, denn so ist es.
»Das ist weit«, gibt die Schlange zu bedenken.
»Aber du hast Glück. Ich bin auf dem Weg zum Fluss und könnte dich ein Stück mitnehmen.«
Zwar hat sie gerade gut gefrühstückt, aber zum Mittag käme ihr diese kleine Maus genau recht.
»Hör zu«, schlägt sie darum vor, »ich trage dich bis zum Fluss und dann wird gegessen!«

Die Maus, die von Schlangen nichts weiß, ist einverstanden.
Unterwegs fragt sie: »Hast du einen Freund, Schlange?«
»Nie davon gehört. Was ist das?«, sagt die Schlange und überlegt, ob es etwas ist, das gut schmeckt.
»Ich weiß es auch nicht«, erzählt die Maus.

»Der alte Enterich hat gesagt, ein Freund
ist das Beste, was es auf der Welt gibt!«
»Dann muss es etwas zu essen sein!«,
meint die Schlange.

»Was essen Schlangen eigentlich?«, will die Maus als Nächstes wissen.
»Elefanten«, lügt die Schlange. »Drei Stück am Tag. Mindestens.«
»Wie sehen die aus?«, fragt die Maus.
»Sie sind groß und rund und liegen unterm Baum«, ist die Antwort der Schlange.
Ach so, Nüsse!, denkt die Maus.
Die Schlange nennt sie nur anders.
Und sie freut sich, dass die Schlange das Gleiche mag wie sie. »Oh ja, Elefanten sind wirklich das Beste! Dicke Schale, aber innen ganz saftig!«
Sie muss unbedingt dem Eichhorn davon erzählen.
Aber gleich fällt ihr ein, dass das Eichhorn weit entfernt ist und sie es ihm gar nicht sagen kann.

Am Fluss zerrt die Maus den Karren von der Schlange herunter.
»Essenszeit!«, verkündet die Schlange und beäugt die Maus von oben bis unten. Die Maus tut geheimnisvoll.
»Mund auf und Augen zu! Ich will gucken, ob dein Maul auch groß genug ist!«, verlangt sie.
Das ist ja leichter als gedacht, denkt die Schlange und klappt ihr Maul weit, weit auf. Im nächsten Augenblick hat sie lauter Nüsse darin und kann sich nicht mehr rühren.
»Ich schenke dir ein paar Elefanten! Mach's gut, Schlange!«, ruft die Maus fröhlich und springt dem Karren nach, der bereits in den Fluss rollt.

Jeder Fluss führt irgendwann ans Meer,
hat der alte Enterich gesagt.
»Wohin willst du?«, quaken die Frösche.
»Ans Meer!«, ruft die Maus ihnen zu.
»Hast du denn keine Angst vor Schlangen?«, flüstern sie entsetzt.
»Angst? Warum denn? Schlangen essen doch am liebsten Elefanten, genau wie ich«, wundert sich die Maus.
Und die Frösche sagen es allen weiter. Die Nachricht von der furchtlosen Wandermaus im Karren verbreitet sich wie ein Lauffeuer zu beiden Ufern des Flusses.

Zwei Tage später fällt jemand rot und buschig durch die Äste
und stürzt vor dem Karren ins Wasser. Die Maus packt zu und
zieht das Eichhorn an Bord. Das Eichhorn und einen großen
Sack, den es fest umklammert hält.
Das Eichhorn kann zunächst nur ächzen und Wasser spucken.
»Ich komme mit«, erklärt es endlich.
»Was hast du in dem Sack?«, will die Maus wissen.
»Alles, was wir brauchen«, gibt das Eichhorn zur Antwort.
Es holt eine Nuss heraus und knackt sie auf.

Von Tag zu Tag wird der Fluss breiter.
Die Maus erzählt von der Schlange, die Nüsse mag und sie Elefanten nennt. Und das Eichhorn erklärt der Maus, dass Schlangen am liebsten Mäuse essen und was Elefanten wirklich sind.

Je näher sie dem Meer kommen, desto stärker riecht es nach salzigen Wellen. Und eines Nachts weiß die Maus, dass sie da sind, denn ihre Nase sagt es ihr.

Der Wellenschlag des Meeres klingt genauso, wie die Maus es sich immer vorgestellt hat. Es riecht, wie sie es immer schon wusste.

Sie verbringen die Tage im weichen Sand.
Die Maus sammelt Muscheln, das Eichhorn Stöcke
und Stangen, die das Meer an Land wirft.

Aber in den hellen Nächten, wenn der Mond groß am Himmel hängt, schnuppert und lauscht die Maus in die Ferne.
Das Eichhorn weiß schon, sie riecht den Wald und hört das Rauschen der Bäume, sehnt sich nach Moos und Pilzen.

Es zieht ein Tuch aus dem Sack, so groß wie eine kleine Waldlichtung.

»Was tust du?«, erkundigt sich die Maus.

»Ich baue eine Windfalle. Damit wir nach Hause zurückkommen«, ist des Eichhorns Antwort. »Ich fange den Rückenwind für uns!«

Und die Maus denkt: Das Eichhorn ist das Beste, was es auf der Welt gibt!

Und dann warten sie.
Warten und warten auf den ersten großen Herbststurm.

Nur die wütenden Herbststürme bringen genügend Rückenwind, hat der alte Enterich dem Eichhorn erklärt.

Und wenn er kommt, und das wird er gewiss, dann
werden sie zurückfahren. Den Fluss hinauf.
Sie werden heimkehren, bevor der Winter anbricht,
und in ihren Höhlen im Wald wird es warm sein.

Im Herbst

Blöder Schnupfen!

Wenn die Blätter sich färben und Nüsse, Eckern, Eicheln fallen, wissen alle Tiere, dass der Winter nicht fern ist. Sie regen sich, sammeln und stapeln in ihren Höhlen und Unterschlüpfen gute Dinge für die kalte Zeit.

Die Maus stapelt Feuerholz und stopft Moos in die Ritzen, damit sie es warm hat. Sie läuft durch den Wald, holt Vorräte und verstaut sie in ihrer Höhle. Immer mehr häuft sie an: Beeren und Pilze, Kerne und Samen, Eckern und Nüsse. Alles sieht so gut und lecker aus! Sie kann nicht aufhören zu sammeln, obwohl es bei ihr langsam eng wird. Dafür duftet es wie im Mäusehimmel!

»Wer soll das essen?«, staunt das Eichhorn, als es zur Tür hereinkommt und Nüsse ihm auf die Pfoten rollen. »Und wo willst du schlafen?« Sogar im Bett hat die Maus Vorräte! Ihren gemütlichen Tisch kann sie auch nicht benutzen. Da liegt das Feuerholz drauf.

Und wie wird sie heizen und kochen? Der Herd ist vor lauter guten Dingen gar nicht zu sehen!
»Das kommt nun davon, wenn man so fleißig ist!«, schimpft die Maus. Sie hat oben auf den harten Nüssen geschlafen und reibt sich den schmerzenden Po.

»Hast du denn auch schöne Momente gesammelt, an die du denken kannst, wenn es kalt und trüb wird?«, fragt das Eichhorn.
Die Maus schüttelt den Kopf. Sie waren ans Meer gereist, daran denkt sie oft zurück, aber frische Erinnerungen hat sie keine.
»Dann fangen wir jetzt damit an und gehen die anderen im Wald besuchen!«, sagt das Eichhorn.
Heute scheint die Sonne. Noch gibt es warme Tage, und nicht einen davon will es verpassen.

Sie klopfen bei Frau Kaninchen.

Frau Kaninchen sitzt am Fenster und strickt an einer Mütze.
Ihre Höhle ist ziemlich leer. Und kalt.
»Hast du gar keine Beeren und Nüsse und Feuerholz gesammelt?«, wundert sich die Maus.
»Ach, ach!«, jammert Frau Kaninchen. »Ich lag mit Schnupfen im Bett. Zum Glück kam der alte Enterich und kochte mir Tee. Als es besser ging und ich Vorräte sammeln wollte, war alles schon weg, auch das Feuerholz. Aber mit der Mütze hier werde ich schon nicht frieren!«
Sie seufzt ein bisschen und klappert weiter mit den Stricknadeln.
Die Maus macht ein erschrockenes Gesicht.
»Wir kommen gleich wieder!«, verspricht sie und zieht das Eichhorn mit sich fort.

Zurück in ihrer Höhle packen sie von allem, was die Maus angehäuft hat, etwas in den Karren. Obendrauf kommt Feuerholz.

»Nun muss ich den Winter nicht mehr fürchten!«, ruft Frau Kaninchen dankbar, als die Maus die guten Dinge auslädt und das Eichhorn den Ofen anheizt. Sie schenkt der Maus ihre Mütze. Die ist ohnehin zu klein geraten, und im Kaninchenbau ist es nun gemütlich warm.

Die Maus und das Eichhorn laufen heim und füllen den Karren neu auf. Sie schieben ihn von Tür zu Tür und fragen, ob etwas gebraucht wird. Familie Fuchs hat nicht genug getrocknete Beeren, Igels brauchen Holz zum Heizen.

Waschbärs nehmen gern einen Sack Knabberwurzeln.
Ist der Karren geleert, beladen Maus und Eichhorn ihn neu.
Endlich ist wieder Platz in der Mausehöhle, und die Maus
hat außer der Mütze noch Fäustlinge, eine warme Jacke
und Stiefel bekommen.

»Wohin jetzt?«, fragt die Maus.
»Zum alten Enterich!«, sagt das Eichhorn.
Als sie dort ankommen, klopfen sie.
»Hatschiiiii!«, macht der alte Enterich, anstatt »Herein!«, zu sagen, bläst dabei die Kerzenflamme aus und wirbelt Moos auf, das in Haufen herumliegt. Er hat es nicht geschafft, sein Haus winterdicht zu machen, denn er liegt mit Frau Kaninchens Schnupfen im Bett.

Maus und Eichhorn stopfen die Ritzen zu, kochen Tee und warme Entengrütze. Der alte Enterich soll nur schnell gesund werden. Am Abend geht es ihm schon viel besser und sie können beruhigt nach Hause gehen.

Nachts muss die Maus niesen.
»Blöder Schnupfen!«, schimpft sie und schnaubt in ein großes Blatt.
Da klopft es und das Eichhorn kommt herein.
»Hatschiii!«, macht es, schnäuzt ein ganzes Blatt voll und kriecht zur Maus ins Bett.
Es ist froh, nicht allein zu sein.

Bald stürmt und regnet es draußen, es wird düster und kalt.
Der Schnupfen ist vergessen, die Maus und das Eichhorn machen sich viele gemütliche Teestunden und knacken Nüsse.
Und sie denken an all die schönen Momente, die sie gemeinsam gesammelt haben.

»Weißt du noch, wie wir bei Frau Kaninchen zu Besuch waren? Und bei Fuchsens und Igels und Waschbärs und beim alten Enterich? Das war vielleicht schön! Und wie gut, dass ich vorher so fleißig gesammelt hatte!«, schwärmt die Maus. »Mir wird ganz warm, wenn ich daran denke.«

Im Winter

Der erste Schnee

Die Tage sind kurz geworden, die Nächte lang und kalt.
Die Bäume haben das Laub abgeworfen.
Vom Himmel schweben Flocken wie Daunenfedern herab.
Es ist der erste Schnee für die Maus und sie kann nicht aufhören zu staunen. In der Ferne entdeckt sie weiße Zacken.
Das sind die Berge, dort entspringt der Fluss, hat der alte Enterich gesagt.

Es schneit und schneit.
Die Welt verschwindet unter einer dichten weißen Decke.
Alle Tiere haben sich in ihre Höhlen und Schlupfwinkel verkrochen. Die Maus räumt auf und um, trägt Nüsse, Samen, getrocknete Beeren und Pilze von rechts nach links und zurück.

Als das Eichhorn kommt, zappelt die Maus mit den Beinen und erzählt von den weißen Zacken in der Ferne, die aussehen wie frisch geputzte Backenzähne.

Sie hört nicht auf, davon zu reden. Sie will dorthin und sehen, was es mit den Bergen auf sich hat.
Und das Eichhorn schraubt Kufen an den Karren, damit sie einen Schlitten für ihre große Winterreise haben.

Ein paar Tage später brechen sie auf.
»Wir reisen zu den Backenzähnen!«, freut sich die Maus.
»Bis ganz nach oben!«
Sie haben alles gepackt, was sie brauchen: Kissen und Decken zum Warmhalten, Beeren und Nüsse und einen Kuchen.
Das Eichhorn hat sogar ein Dach auf den Schlitten gebaut.

»Ich habe herausgefunden, was es mit diesen Bergen auf sich hat«, stellt die Maus fest, als sie den Wald verlassen haben.
»Was denn?«, will das Eichhorn wissen.
»Sie werden größer, wenn man näher herankommt«, antwortet die Maus.

So ist es. Je näher sie kommen, desto größer und höher werden die Berge.
»Das machen sie mit Absicht!«, schimpft die Maus.
»So ist das immer«, sagt das Eichhorn dazu. »Das ist ganz normal für Berge.«
»Ich hätte gern welche, die kleiner werden, wenn man sich nähert.« Die Maus hat nur kurze Beine, und die sind müde.

Als es dunkelt und die Berge gewaltig hoch und eisig sind und dazu wie schwarze Schatten vor dem Mond stehen, finden sie ein Licht. Das Licht ist ein Fenster, und eine freundliche Tür gibt es auch. Das Beste an freundlichen Türen ist, dass sie aufgehen, klopft man dagegen.

Bei Maulwurfs brennt ein helles Feuer, die Wintersuppe ist heiß und kräftig, der Kuchen von Maus und Eichhorn saftig und süß.
»Wir kommen aus dem Wald«, sagt das Eichhorn.
»Ach, der kleine Wald unten im Tal«, weiß Frau Maulwurf, »bei klarem Wetter kann man ihn von hier aus sehen.«

»Oh nein, er ist riesig! Er ist so groß, wie das Meer weit ist!«, erklärt die Maus, die sich mit so etwas auskennt. »Er wird größer, wenn man näher herangeht.«
Und Maulwurfs versprechen, genau das im Frühjahr auszuprobieren und hinunter in den Wald zu kommen.

Der nächste Morgen ist hell und blau. Maus und Eichhorn machen sich wieder auf den Weg. Irgendwann öffnet sich der Blick nach vorn. Das Hochsteigen hat ein Ende. Sie sind oben! Auf einmal ist alles leicht und schön, die müden Beine sind vergessen.
»Das ist der Gipfel«, erklärt das Eichhorn. »Von hier aus geht es nur noch hinab.« Und nach Hause, denkt es.

Sie blicken weit ins Land, auf Berge, in Täler.
»So groß ist die Welt!«, staunt die Maus.
Sie machen eine Glückspause.
Denn wer es zusammen bis ganz nach oben geschafft hat,
muss sich vor Freude hinsetzen und Nüsse knacken.

Als sie nach ihrem Wald schauen wollen, kommt eine dicke Wolke und schüttet Schnee aus. In die Ferne sehen können sie nun nicht mehr.
Eigentlich können sie gar nichts mehr sehen.
»Komm, Maus, wir fahren nach Hause! Immer bergab und geradeaus!«, sagt das Eichhorn, und sie klettern in den Schlitten.
»Fertig?«, fragt das Eichhorn.
»Fertig!«, ruft die Maus.
Sie ruckeln ein wenig hin und her, und schon geht es los!

»Eichhorn?«, ruft die Maus.
»Ja?«
»Wir haben etwas vergessen! Etwas ganz Wichtiges!«
»Was denn?!«
»Wir haben vergessen, den Schlitten umzudrehen! Wir fahren auf der falschen Seite vom Berg herunter!«

»Oh!«, macht das Eichhorn. Mehr kann es dazu nicht sagen, und außerdem sausen sie jetzt so schnell hinab, dass es vollauf damit beschäftigt ist, sich und die Maus im Schlitten zu halten.

P

Auf einer großen, weiten Fläche kommt der Schlitten endlich zum Stehen.
»Das ist ein Parkplatz«, stellt das Eichhorn fest.
Es erklärt der Maus, dass die Menschen hier ihre Karren abstellen, wenn sie zu Fuß weiterwollen.
Sie sind nicht allein hier. Am anderen Ende sitzt noch jemand.
»Warum parkst du hier?«, fragt die Maus freiheraus.
»Meine Menschen sind weggefahren und haben mich zurückgelassen«, antwortet der Hund.
»Du suchst dir einfach neue Menschen«, tröstet ihn das Eichhorn.
»Halt mal still!«
Es dauert nicht lange, da haben Maus und Eichhorn die Leine durchgenagt.
»Wir suchen auch etwas, unser Zuhause nämlich. Wir haben uns verirrt!«, erklärt die Maus.

Der Hund nimmt eine Nasevoll von Maus und Eichhorn.
»Ihr riecht nach kleinen Baumlöchern, trockenem Moos und Krümelfutter.« Er schnüffelt im Winterwind, liest in ihm wie in einer Landkarte.
»Ich rieche Bäume und einen Fluss, der gefroren ist – und ein mit Nüssen, getrockneten Beeren und Pilzen vollgestopftes Loch unter einer Wurzel!«
»Das ist die beste Höhle der Welt!«, ruft die Maus.

»Es ist weit bis zu eurem Wald. Ihr braucht einen Schlittenhund. Ich bringe euch hin!«, verspricht der Hund.
Tief krallen Maus und Eichhorn sich in sein Fell. Immer schneller läuft der Schlittenhund und erreicht den Wald, bevor es dunkel wird.

Während Maus und Eichhorn auf dem Hunderücken durchgeschüttelt werden, dass sogar die Gedanken in ihren Köpfen auf und nieder hüpfen, fällt dem Eichhorn etwas ein. Genau in dem Moment, als sie den Fluss erreichen. Der alte Enterich hat es ihm vor langer Zeit erzählt.

»Im Forsthaus leben Menschen, die gut zu Tieren sind«, sagt das Eichhorn. »Dort kannst du hin.«
Die Maus nickt heftig. »Ich weiß, wo das ist!«
Doch zunächst wollen alle Tiere schauen, wen Maus und Eichhorn da von ihrer großen Reise mitgebracht haben, und der Hund muss seine heiß gelaufenen Pfoten ausruhen.

Gemeinsam bringen die Tiere den Hund zum Forsthaus.
»Na, so was!«, sagen die Menschen. »Ein Weihnachtshund!«

Auch sie haben eine freundliche Tür und öffnen sie weit.

Ein wenig bleiben Maus und Eichhorn noch da und wärmen ihre Pfoten. Ihr Schlittenhund schläft. Er hat gegessen und getrunken und weiß, er kann nun ruhen, solange er möchte. Niemand wird ihn je wieder an einen Pfosten binden. Er ist frei.
Hier soll sein Zuhause sein.

Maus und Eichhorn jedoch zieht es zurück in ihre kleinen Höhlen.
Sie werden ihren neuen Freund gewiss bald wiedersehen.
Durch Eis und Schnee und Sturm wird seine Nase sie finden.
Sie werden auf seinen Rücken steigen und durch den Wald reiten.
Durch den Wald, der so weit ist wie das Meer.

Kristina Andres, geboren 1971 in Greifswald, wuchs in Mecklenburg auf, wo sie auch heute wieder lebt. Nach einigen Semestern Studium der Kunstgeschichte und Literatur in Hamburg wechselte sie an die dortige Hochschule für bildende Künste und legte dort im Fach Freie Kunst mit dem Schwerpunkt Malerei/Zeichnung bei Olav Christopher Jenssen ihr Diplom ab. Seit 2002 ist sie als freischaffende Künstlerin tätig. Ihre zahlreichen Kinderbücher wurden mehrfach ausgezeichnet, so u. a. von der Deutschen Akademie für Kinder- und Jugendliteratur.

Du möchtest noch mehr von uns kennenlernen?

Friedrichstraße 9, D-80801 München

Satz und Layout: Fly Gollair/Katja Goller
ISBN 978-3-8458-5557-8

www.arsedition.de

FSC
www.fsc.org
MIX
Papier | Fördert gute Waldnutzung
FSC® C002795